AF601120

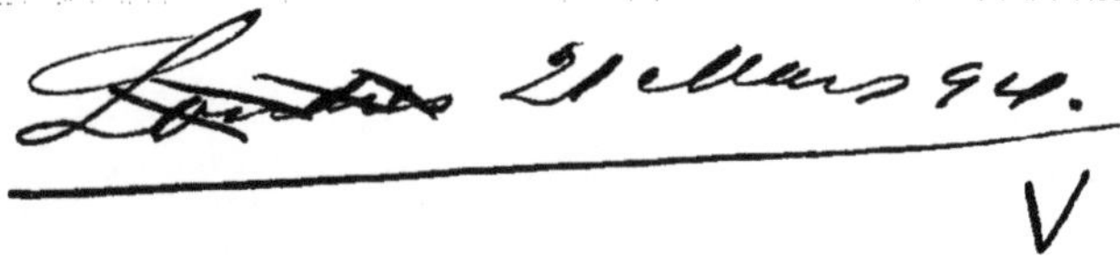

VENTE DES 21, 22 & 23 MARS 1894

HOTEL DROUOT, SALLE N° 1

COLLECTION

DE

M. CH. JALLAIS

ARMES

ET

COSTUMES MILITAIRES

COMMISSAIRE-PRISEUR

Me PAUL CHEVALLIER

10, rue de la Grange-Batelière, 10

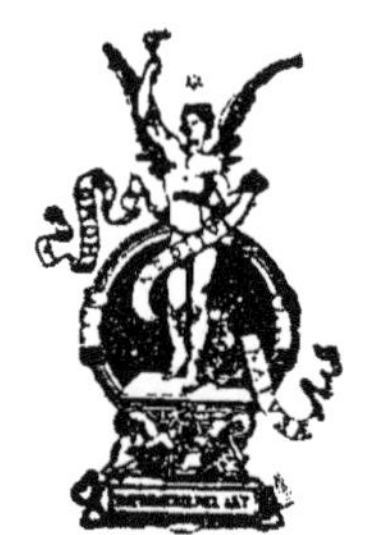

CATALOGUE

DES

ARMES

COIFFURES, COSTUMES

Équipements, Drapeaux, Tambours

DE TOUTES LES ÉPOQUES

CURIOSITÉS MILITAIRES

TABLEAUX ET GRAVURES

Composant la Collection de M. CH. JALLAIS

ET DONT LA VENTE AURA LIEU

HOTEL DROUOT, SALLE N° 1

Les Mercredi 21, Jeudi 22, Vendredi 23 Mars 1894

A DEUX HEURES

Par le Ministère de Mᵉ **Paul CHEVALLIER**, commissaire-priseur

10, rue de la Grange-Batelière, 10

EXPOSITION PUBLIQUE

Le Mardi 20 Mars 1894, de 1 heure 1/2 à 5 heures 1/2

CONDITIONS DE LA VENTE

Elle sera faite expressément au comptant.

Les acquéreurs paieront en sus des enchères *cinq pour cent.*

L'exposition mettant le public à même de se rendre compte de l'état des objets, aucune réclamation ne sera admise une fois l'adjudication prononcée.

L'ordre numérique ne sera pas suivi.

Imprimerie de l'Art, E. Moreau et Cie, 41, rue de la Victoire.

DÉSIGNATION DES OBJETS

DRAPEAUX, ÉTENDARDS, FANIONS

ET FLAMMES DE TROMPETTES

1 — Drapeau. Époque de la première République.

2 — Drapeau blanc, écusson aux armes de France, entourage fleurs de lys.

3 — Drapeau tricolore, surmonté de l'aigle en bronze, inscription, d'un côté : L'Empereur Napoléon III au 17e bataillon, et de l'autre : Gardes Nationales de la Seine.

4 — Drapeau tricolore des combattants de Juillet, entièrement brodé à la main, au centre la décoration de Juillet et les trois Journées, 27, 28, 29 Juillet 1830, dans des étoiles entourées de rayons. Inscription en haut : République Française, et au bas : Liberté, Égalité, Fraternité.

5 — Étendard de cavalerie allemande. XVIIe siècle.

6 — Fanion de cavalerie allemande. XVIIIe siècle.

7 — Pavillon de marine aux armes de France (Restauration).

8 — Deux drapeaux de la garde nationale mobile de Marseille 1870.

9 — Fanion tricolore. Règne Louis-Philippe.

10 — Drapeau officiel de pavoisement. Second Empire.

11 — Drapeau hollandais daté 1790 et inscription flamande (n'a qu'un côté).

12 — Divers fanions de plusieurs époques,

13 — Flamme de trompette, aux armes de la Trémoille.

14 — Flamme de trompette et grande trompette, grande tenue de gala, régiment des guides, Second Empire.

15 — Flamme de trompette et grande trompette, grande tenue de gala, escadron des cent-gardes de l'Empereur.

16 — Flamme de trompette du 7me régiment de hussards. Premier Empire.

17 — Flamme de trompette de chevau-léger lancier 4me régiment. Premier Empire.

18 — Banderolle de timballe de cavalerie, garde impériale. Premier Empire.

19 — Deux banderolles de timballes du 7me régiment de chasseurs à cheval. Louis-Philippe.

20 — Flamme de trompette, tenue de gala, escadron du train des équipages, garde impériale (n'a qu'un côté).

21 — Deux broderies anciennes en forme de flammes de trompettes.

CHABRAQUES ET HOUSSES DE CHEVAL

22 — Harnachement de cheval, composé de cinq pièces en soie crème, couverte de fleurs de lys, brodées or et inscrites dans un treillis de velours bleu. XVIIe siècle.

23 — Tapis de selle et couvre-fontes d'officier général. Époque Louis XVI.

24 — Chabraque aux chiffres de Jérôme Napoléon, roi de Westphalie, drap cramoisi, galons et broderies or fin. Premier Empire.

25 — Chabraque d'officier monté, infanterie. Second Empire.

26 — Chabraque et couvre-fontes de gendarmerie de la garde impériale. Second Empire.

27 — Chabraque cavalerie. Napoléon III.

TAMBOURS ET TROMPETTES

28 — Tambour infanterie. Première République.

29 — Tambour. République Batave, 1789.

30 — Tambour à grande plaque, repoussé, plaqué argent, daté 1775, entouré de trophées.

31 — Tambour avec plaque et attributs militaires.

32 — Tambourin des chanteurs cosaques.

33 — Tambours divers.

34 — Trompettes Louis XV et Louis XVI.

35 — Clairons, trompettes et instruments de cuivre.

CANONS

36 — Deux forts canons sur affûts bas. Époque Louis XV.

37 — Deux canons bronze sur affûts agrémentés de ciselures fines, avec devises, personnages et marque. (Factum. Duaci 1717.)

38 — Une coulevrine de rempart. XVIe siècle.

ARMURES ET CUIRASSES

39 — Armure maximilienne sur socle.

40 — Cuirasse d'officier de cuirassiers, règne Louis XV, fond bleuté au feu et filets réservés or.

41 — Cuirasse et casque d'officier de carabiniers. Premier Empire.

42 — Cuirasse et casque de cuirassier (troupe). Premier Empire.

43 — Cuirasse et casque de cuirassier de la garde royale. Restauration.

44 — Cuirasse et casque d'officier de cent-gardes (troupe). Second Empire.

45 — Cuirasse et casque d'officier de cuirassiers de la garde. Second Empire.

46 — Cuirasse et casque d'officier de carabiniers. Second Empire.

47 — Cuirasse et casque de cent-garde (troupe).

48 — Cuirasse et casque de cuirassier de la garde (troupe). Second Empire.

49 — Cuirasse et casque de carabinier (troupe). Second Empire.

50 — Cuirasse et casque, officier de cuirassiers de ligne. Second Empire.

51 — Cuirasse et casque de cuirassier de ligne, (troupe). Second Empire.

52 — Cuirasse et casque de cuirassier (troupe). Louis-Philippe.

53 — Cuirasse et casque, officier de chevalier-garde russe (escorte du Czar).

54 — Cuirasse et casque de carabinier (troupe). Louis-Philippe.

55 — Cuirasse et casque de cuirassier bavarois (troupe).

56 — Sous ce numéro, diverses cuirasses.

57 — Sous ce numéro, divers devants de cuirasses

COIFFURES

58 — Calotte de coureur. Époque Louis XV.

59 — Casque d'officier de dragons, régiment du Roy. Louis XVI.

60 — Casque de dragon. Première République.

61 — Bonnet de police. Première République.

62 — Casque du génie de la garde impériale. Premier Empire. (Troupe.)

63 — Casque de chevau-léger lancier. Premier Empire. (Troupe.)

64 — Casque de dragon de la garde impériale. Premier Empire. (Troupe.)

65 — Chapska de lancier de la garde impériale, 1er régiment. Premier Empire.

66 — Bonnet d'oursin de gendarmerie d'élite, garde impériale. Premier Empire.

67 — Bonnet à poils, de grenadier de la garde impériale. Premier Empire.

68 — Shako d'officier d'infanterie, régiment de Toulon. Premier Empire.

69 — Shako d'infanterie de ligne (n° 30). Premier Empire. (Troupe.)

70 — Shako d'officier d'infanterie légère (n° 28). Premier Empire.

*

71 — Shako d'infanterie de ligne (n° 17). Premier Empire. (Troupe.)

72 — Shako, train. Premier Empire. (N° 12.)

73 — Bonnet de police, officier de la garde impériale. Premier Empire.

74 — Casque, cuirassier de Jérôme Napoléon, roi de Westphalie. 1810.

75 — Casque d'officier de gendarmerie des chasses. (Restauration.)

76 — Casque de dragon de la garde royale. Restauration. (Troupe.)

77 — Casque d'officier de dragon. Restauration.

78 — Chapska, garde royale. Restauration.

79 — Shako d'officier. Restauration.

80 — Shako d'officier d'état-major. Restauration.

81 — Shako, infanterie de ligne, 3e voltigeur. (Troupe.) Restauration.

82 — Shako, infanterie de ligne, n° 16. (Troupe.) Restauration.

83 — Shako, infanterie. (Troupe.) Restauration.

84 — Casque de garde du corps de la Maison du roi. 1816.

85 — Casque de garde du corps de la Maison du roi. 1828.

86 — Casque de chevau-léger de la Maison du roi. 1816.

87 — Casque de gendarme de la Maison du roi. 1816.

88 — Bonnet à poils, d'officier de grenadier, garde royale. Restauration,

89 — Casque de mousquetaire noir, de la Maison du roi. 1816.

90 — Kolback de tambour-major de la garde royale. Restauration.

91 — Casque de cavalerie. Restauration.

92 — Casque de cavalerie. Restauration.

93 — Casque de cavalerie. Restauration.

94 — Casque de cavalerie. Restauration,

95 — Casque de cavalerie. Restauration.

96 — Casque de cavalerie. Restauration.

97 — Chapeau de garde du corps du roi. 1816.

98 — Shako d'officier de chasseurs à cheval. (N° 15.) Louis-Philippe.

99 — Shako d'officier de hussards. Rastauration.

100 — Casque d'officier de dragons. Louis-Philippe.

101 — Casque d'officier de cuirassiers. Louis-Philippe.

102 — Casque de dragon. (Troupe.) Restauration.

103 — Casque de cuirassier. (Troupe). Louis-Philippe.

104 — Chapeau d'officier d'état-major. Louis-Philippe.

105 — Chapeau d'officier d'artillerie. Louis-Philippe.

106 — Chapeau d'officier. Louis-Philippe.

107 — Shako d'officier d'infanterie. Louis-Philippe.

108 — Chapska de colonel de lancier. Louis-Philippe.

109 — Chapska d'officier supérieur de lancier. 1848.

110 — Chapska de lancier-trompette. 1848.

111 — Chapeau de premier écuyer de la maison de l'Empereur.

112 — Képi de général. Louis-Philippe.

113 — Shako de garde municipal. Juillet 1830.

114 — Chapska d'officier de lancier de l'Impératrice, garde impériale. Second Empire.

115 — Talpack, officier de chasseurs à cheval, garde impériale. Second Empire.

116 — Kolback de capitaine d'artillerie de la garde impériale. Second Empire.

117 — Chapska d'officier du 7e lancier. Second Empire.

118 — Chapska, lanciers de l'Impératrice, garde impériale. (Troupe.) Second Empire.

119 — Chapska de lancier, 2e régiment. (Troupe.) Second Empire.

120 — Casque de trompette de carabinier. Second Empire.

121 — Casque de carabinier. (Troupe.) Second Empire.

122 — Casque de cuirassier de la garde impériale. (Troupe.) Second Empire.

123 — Casque de garde municipal. Juillet 1830.

124 — Casque de garde de Paris. 1857.

125 — Casque de garde de Paris. 1870.

126 — Casque de dragon de la garde impériale. (Troupe.) Second Empire.

127 — Chapska d'officier de lancier en petite tenue. Second Empire.

128 — Kolback de musicien de gendarmerie, garde impériale. Second Empire.

129 — Casque d'officier de dragon. 1848.

130 — Casque d'officier de dragon. 1860.

131 — Casque de dragon. (Troupe.) 1830.

132 — Casque de dragon. (Troupe.) 1860.

133 — Casque de cuirassier. (Troupe.) 1830.

134 — Shako d'officier du génie. Second Empire.

135 — Shako de lieutenant-colonel d'artillerie. 1854.

136 — Shako du train des équipages de la garde impériale. (Troupe.) 1854.

137 — Shako du train des équipages de la garde impériale. (Troupe.) 1860.

138 — Shako de chasseur à pied de la garde impériale. 1854.

139 — Shako de chasseur à pied de la garde impériale. 1860.

140 — Shako, école Saint-Cyr. 1854.

141 — Shako, école Saint-Cyr. 1860.

142 — Shako de garde de Paris. Second Empire.

143 — Shako de voltigeur de la garde impériale. 1860.

144 — Chapeau de général de division. Second Empire.

145 — Shako d'infanterie. (Troupe.) 1860.

146 — Shako d'officier d'infanterie de ligne. 1860.

147 — Shako d'officier d'infanterie, 1854.

148 — Kolback des guides, garde Impériale (troupe). Second Empire.

149 — Talpack, chasseur à cheval, garde impériale (troupe). Second Empire.

150 — Kolback, artillerie de la garde impériale (troupe). Second Empire.

151 — Shako d'officier de voltigeurs de la garde Impériale 1854.

152 — Bonnet à poils, de sapeur. Second Empire.

153 — Bonnet à poils, de grenadier de la garde impériale (troupe). Second Empire.

154 — Fort lot de coiffures diverses (sera divisé).

155 — Shako, 7me hussard (troupe), 1854.

156 — Chapeau d'officier de grenadiers, garde impériale.

157 — Chapeau d'officier de voltigeurs, garde impériale.

158 — Chapeau de sous-officier, gendarmerie de la garde impériale.

TROUPES ÉTRANGÈRES

159 — Casque du 17e régiment de cavalerie Anglaise 1775.

160 — Casque d'officier de chevalier-garde Russe (escorte du Czar).

161 — Shako d'officier de chasseurs Portugais, 1810.

162 — Mitre d'officier Allemand. XVIIIe siècle.

163 — Mitre russe. Époque de Pierre le Grand.

164 — Mitre d'officier russe. Régiment de Pavlowski.

165 — Mitre russe (troupe). Régiment de Pavlowski.

166 — Bonnet de grenadier de la garde impériale Autrichienne. 1800.

167 — Casque d'officier des gardes nobles du Pape.

168 — Casque d'officier supérieur des dragons de la reine d'Angleterre.

169 — Casque d'officier supérieur des horse-guards de la reine d'Angleterre.

170 — Casque de dragon de la reine (troupe).

171 — Casque de horse-guards (troupe).

172 — Casque de cavalerie anglaise (troupe).

173 — Chapeau d'officier supérieur de lanciers anglais, 1814.

174 — Chapska d'officier supérieur de lanciers anglais, 1860.

175 — Chapska, régiment de la garde anglaise (troupe), 1860.

176 — Chapska de lancier anglais (troupe), 1860.

177 — Shako d'officier de ligne (Angleterre).

178 — Casque, infanterie russe (troupe), 1854.

179 — Casque, artillerie russe (troupe), 1854.

180 — Casque d'officier, infanterie russe 1854.

**

181 — Casque d'officier du génie russe, 1854.

182 — Casque de cavalerie bavaroise, 1850.

183 — Casque d'officier de cuirassier autrichien, 1816.

184 — Casque d'officier de cuirassier autrichien 1850.

185 — Casque américain.

186 — Casque de la garde prussienne.

187 — Casque d'officier, royaume de Naples et Sicile sous les Bourbons.

188 — Shako, infanterie hollandaise, 1815.

189 — Casque de trompette de dragon (Hesse 1814).

190 — Casque de cuirassier de la garde prussienne 1870.

191 — Casque d'officier de cavalier piémontaise 1860.

192 — Forte série de coiffures (sera divisé).

193 — Sous ce numéro, série de casques en fer, anciens et modernes (sera divisé).

194 — Sous ce numéro, série de hallebardes, espontons, pertuisanes et lances, anciennes et modernes (sera divisé).

195 — Série de fer de hallebardes et piques diverses.

196 — Arbalète à rouet. XVIe siècle.

197 — Arbalète à rouet. XVIe siècle.

198 — Arbalètes.

SABRETACHES

199 — Sabretache d'officier supérieur des guides, grande tenue de gala (complète).

200 — Sabretache de capitaine d'artillerie de la garde impériale, grande tenue (complète).

201 — Sabretache d'officier supérieur d'artillerie de la garde impériale (grande tenue).

202 — Sabretache de trompette des guides, garde impériale.

203 — Sabretache des guides, garde impériale.

204 — Sabretache de trompette de chasseurs à cheval, garde impériale.

205 — Sabretache de chasseurs à cheval, garde impériale.

206 — Sabretache, artillerie de la garde.

207 — Sabretache de hussard. Restauration.

208 — Sabretache des chasseurs à cheval de la garde des Consuls. Première République.

209 — Sabretache de hussard. Louis-Philippe.

210 — Sabretache, artillerie de la garde (petite tenue).

211 — Sabretache des guides (petite tenue).

212 — Sabretache de hussard. Second Empire.

213 — Sabretache d'officier de hussard anglais (complète).

214 — Sabretache d'officier supérieur. Allemagne 1810.

215 — Sabretache de hussard russe.

216 — Sous ce numéro : série de sabretaches de différents corps (sera divisé).

GIBERNES

217 — Giberne d'officier de hussard. Premier Empire.

218 — Giberne d'officier de cavalerie, Restauration (complète).

219 — Giberne de grenadier, garde royale (troupe). Restauration.

220 — Gibernes de différentes compagnies des gardes du corps du Roi, 1816 (sera divisé).

221 — Giberne d'officier de cavalerie bavaroise, 1850.

222 — Giberne des gendarmes de la Maison du Roi, 1816.

223 — Giberne de capitaine d'artillerie de la garde impériale (complète).

224 — Giberne de cavalerie, Restauration (complète).

225 — Giberne de cavalerie Restauration (complète).

226 — Giberne de cavalerie. Restauration (complète).

227 — Giberne d'officier de dragons. Second Empire (complète).

228 — Giberne d'artillerie de la garde impériale, officier, petite tenue (complète).

229 — Giberne d'officier des guides, petite tenue (complète).

230 — Giberne d'officier de chasseurs à cheval. Second Empire (complète).

231 — Giberne d'officier de Mamelucks, brodée en fin.

232 — Giberne du régiment de Gruyère. Règne Louis XV.

233 — Fort lot de gibernes de plusieurs époques, cavalerie et infanterie. (Sera divisé).

234 — Un lot de gibernes, cavalerie et infanterie de la garde impériale. (Sera divisé).

235 — Gibernes anglaises et russes.

236 — Giberne complète d'officier des cent-gardes.

237 — Giberne d'officier des cent-gardes (tenue de palais).

238 — Giberne de cent-garde (tenue de palais).

239 — Giberne de cent-garde (tenue à cheval).

240 — Giberne d'officier supérieur d'artillerie de la garde impériale.

241 — Giberne d'officier supérieur des guides.

242 — Plusieurs baudriers et ceinturons garnis argent. (Sera divisé).

ARMES DE RÉCOMPENSES

243 — Fusil d'honneur donné par Bonaparte avec plaque et inscription : Le premier Consul au citoyen François Ratz, caporal au 95e régiment d'infanterie de ligne, pour actions d'éclats.

244 — Mousqueton d'honneur, donné par Bonaparte, avec plaque à inscription : Le premier Consul au citoyen Louis Morel, brigadier au 1er régiment de hussards, pour sa belle conduite à Marengo.

245 — Sabre d'honneur donné par Bonaparte, avec plaque à inscription : Le premier Consul au citoyen Louis Renaud, de la 19e demi-brigade.

246 — Fusil de récompense, époque Louis XV.

FUSILS, MOUSQUETONS, PISTOLETS

247 — Fusil de cent-garde, avec son sabre.

248 — Fusil des gardes du corps du roi.

249 — Fusil des gardes du corps de Monsieur.

250 — Pistolet d'officier des gardes du corps du roi.

251 — Fusils. Premier Empire. (Seront divisés).

252 — Fusils. Restauration. (Seront divisés).

253 — Pistolets des époques Louis XIV, Louis XV, Louis XVI, République, premier Empire, Restauration et Louis-Philippe. (Seront divisés).

254 — Fusil chinois, canon richement damasquiné argent et signé.

255 — Carabine russe, campagne de Crimée.

256 — Arquebuse à rouet. Époque Louis XIII.

SABRES, GLAIVES, ÉPÉES

257 — Glaive de général. Première République.

258 — Glaive de cérémonie. Restauration.

259 — Sabre d'officier de hussards, fourreau finement ciselé. Époque Louis XV.

260 — Sabre d'officier de hussards. Époque Louis XVI.

261 — Sabre de général. Première République.

262 — Sabre d'officier des grenadiers à cheval. Premier Empire.

263 — Sabre des gardes du corps du roi, fourreau cuir.

264 — Sabre des gardes du corps du roi, fourreau fer.

265 — Sabre des mousquetaires gris.

266 — Sabre d'officier de chevau-léger, lancier du duc de Berry.

267 — Sabre d'officier de la garde municipale de Paris. Juillet 1830.

268 — Sabre de carabinier. Louis XVIII.

269 — Sabre de carabinier. Premier Empire.

270 — Sabre de tambour-major. Second Empire.

271 — Sabre d'officier de gendarmerie royale.

272 — Sabre d'officier de gendarmerie d'élite.

273 — Glaive des élèves de l'école de Mars.

274 — Sabre d'officier supérieur. Louis XVI.

275 — Sabre d'officier de hussards. Louis XVI.

276 — Sabre marin de la garde impériale.

277 — Épée des gardes du corps du roi, sur la lame devise : Sans peur et sans reproche.

278 — Sabre de gendarmerie. Louis XVI.

279 — Sabre de dragon. Première République.

280 — Sabre de chasseur à cheval. Première République.

281 — Sabre de tambour-major. Louis-Philippe.

282 — Sabre de sapeur. Première République.

283 — Épée de cent-garde.

284 — Sabre d'officier des cent-gardes.

285 — Épée d'officier de la garde impériale.

286 — Épée d'aide de camp de l'Empereur.

287 — Épée d'aide de camp de l'Impératrice.

288 — Epée d'amiral. Second Empire.

289 — Sabre d'infanterie, régiment du Dauphin. (Règne Louis XVI.)

290 — Sabre des gardes du corps à pied. Règne de Louis XVI.

291 — Sabre d'officier d'infanterie. Première République.

292 — Sabre d'officier d'infanterie. Première République.

293 — Sabre d'officier d'infanterie. Première République.

294 — Sabre d'officier d'infanterie. Première République.

295 — Sabre d'officier d'infanterie. Première République.

296 — Sabre d'officier d'infanterie. Première République.

297 — Sabre. Première République.

298 — Sabre des gardes françaises. Louis XVI.

299 — Épée Louis XV. (Argent.)

300 — Épée Louis XV. (Argent.)

301 — Épée Louis XVI. (Argent.)

302 — Épée Louis XVI. (Argent.)

303 — Petite épée de page Louis XV. Jolie lame gravée et incrutée d'or.

304 — Glaive. Époque du Consulat.

305 — Sous ce numéro : un lot d'épées en fer et cuivre, des époques Louis XIII, Louis XIV, Louis XV et Louis XVI. (Sera divisé.)

306 — Sous ce numéro : un lot de sabres et d'épées de toutes les époques. (Sera divisé.)

307 — Sabre de cavalerie ; très belle pièce de fourbisserie, exécutée par Pierre Gabion, ex-chef armurier au 1er régiment de carabiniers.

HAUSSE-COLS ET PLAQUES

308 — Grand hausse-col Louis XIV. Travail repoussé à la main.

309 — Grand hausse-col Louis XV. Travail repoussé à la main.

310 — Grand hausse-col Louis XV, en fer et applique, les deux L royales entrelacées et surmontées de la couronne.

311 — Hausse-col Louis XVI. Applique argent.

312 — Plusieurs hausse-cols. Première République.

313 — Plusieurs hausse-cols. Premier Empire, Restauration, Louis-Philippe et second Empire. Sera divisé.

314 — Plusieurs hausse-cols étrangers.

314 *bis*. — Plusieurs forts lots de plaques de coiffures de toutes les époques.

315 — Sous ce numéro : série de plaques de ceinturon. Époques Louis XV, Louis XVI, première République, premier Empire, Restauration, Louis-Philippe et second Empire. (Seront divisés.)

316 — Lot de décorations. (Sera divisé.)

317 — Deux grandes croix de Saint-Louis, en fer forgé, ayant servi à décorer une salle d'honneur Règne Louis XV.

318 - Diverses poires à poudre de différentes époques.

319 — Étui de bâton de maréchal de France. Premier Empire.

320 — Bâton de maréchal de France. Second Empire.

321 — Paire d'épaulettes d'officier. Premier Empire.

322 — Paire d'épaulettes, Maison du Roi. Restauration.

323 — Paire d'épaulettes de tambour-major.

324 — Paire d'épaulettes d'officier de la garde royale. Louis XVIII.

325 — Paire d'épaulettes d'officier de la garde royale. Charles X.

326 — Paire d'épaulettes d'officier. Restauration.

327 — Plusieurs paires d'épaulettes de différentes époques.

328 — Lot d'épaulettes françaises.

329 — Lot d'épaulettes étrangères.

BOTTES, ÉPERONS, ÉTRIERS ET MORS

330 — Paire de bottes de cavalerie. Règne Louis XIV.

331 — Paire de bottes de cavalerie. Régne Louis XV.

332 — Paire de bottes de postillon. Règne Louis XIV.

333 — Paire de bottes de premier écuyer de l'Empereur, N et aigles, piqués en fils tricolore, éperons, tête d'aigle en acier doré.

334 — Botte de cavalerie Louis XIV.

335 — Paire de bottes de cuirassier, garde impériale.

336 — Paire d'éperons d'officier d'ordonnance de l'Empereur (tenue de gala). Premier Empire.

337 — Diverses paires d'éperons.

338 — Divers mors français et étrangers.

339 — Paire d'étriers en fer forgé et fleurs de lys. (Louis XIV).

340 — Porte-mêche Louis XIII.

341 — Porte-mêche Louis XIV.

342 — Diverses broderies de tapis de selle, chabraques, porte-manteaux et d'uniformes, de Louis XVI à la Restauration (sera divisé).

343 — Sous ce numéro : série de bonnets de police depuis le premier Empire au second Empire.

344 — Sous ce numéro : série de hauts de drapeaux et étendards depuis la première République au second Empire.

345 — Poire à poudre en fer repoussé et ciselé, fond en velours grenat. Époque François II.

346 — Poire à poudre en cuir, aux armes de France, fonds dorés.

347 — Série de tonneaux de cantinières de plusieurs époques.

348 — Fauteuil dont le dos et le siège réprésentent les deux parties d'une soubreveste de cent-gardes.

COSTUMES ET UNIFORMES

349 — Soubreveste de mousquetaire noir, grande tenue de palais.

350 — Soubreveste d'officier de cent-gardes, grande tenue de palais.

351 — Brigandine et justaucorps. Époque Louis XIII.

352 — Habit de général de division, grande tenue. Restauration.

353 — Habit d'officier de mousquetaires noirs, (grande tenue).

354 — Habit d'ambassadeur.

355 — Dolman de capitaine d'artillerie de la garde impériale (grande tenue de gala).

356 — Habit de général (petite tenue). Restauration.

357 — Habit de pair de France. Restauration.

358 — Habit de mousquetaire noir (petite tenue).

359 — Habit de pupille du 86e de ligne. Commencement du premier Empire.

360 — Habit de trompette des dragons de la garde impériale (petite tenue). Premier Empire.

361 — Habit d'officier du 77e de ligne. Première République.

362 — Habit d'officier des gardes d'honneur du prince Murat, roi de Naples.

363 — Habit d'officier d'infanterie, 1816.

364 — Habit de grenadier de la garde royale suisse. Restauration.

365 — Habit d'officier. Restauration.

366 — Kurtka de cavalerie. Restauration.

367 — Habit et gilet d'intendant général (grande tenue). Premier Empire.

368 — Kurtka d'officier du 1er régiment de dragon. Second Empire.

369 — Tunique, épaulettes, aiguillettes et pantalon de cent-garde.

370 — Culotte de petite tenue d'officier de hussards. Premier Empire.

371 — Gilet rouge brodé d'argent. Louis XV.

372 — Gilet d'officier. Première République.

373 — Gilet de soie brodé or. Louis XVI.

374 — Gilet d'officier. Premier Empire.

375 — Tunique de grenadier de la garde.

376 — Tunique de voltigeur de la garde.

377 — Basquine de chasseur à pied de la garde.

378 — Tunique d'officier des voltigeurs de la garde impériale. Second Empire.

379 — Tunique de trompette de carabiniers.

380 — Kurtka de lancier de la garde impériale.

381 — Dolman d'officier de hussards, grande tenue. Second Empire.

382 — Dolman de chasseur à cheval de la garde.

383 — Dolman d'artillerie de la garde.

384 — Sous ce numéro, série de dolmans et kurtkas de la garde impériale et ligne. (Sera divisé.)

385 — Sous ce numéro, série d'habits et tuniques de la garde impériale et ligne, de toutes les époques. (Sera divisé.)

386 — Sous ce numéro, série d'habits, dolmans et tuniques de troupes étrangères de toutes les époques. (Sera divisé.)

387 — Série de cordons, fourragères et ceintures de hussards. (Sera divisé.)

388 — Diverses cannes de tambour-major de différentes époques. (Sera divisé.)

389 — Boutons divers.

390 — Cocardes diverses.

391 — Jugulaires diverses.

392 — Trois sabres d'enfants, un fusil de pupille.

393 — Baudriers de tambours, brodés et galonnés.

OBJETS DIVERS

394 — Tableau représentant une revue de la garde royale au Chesnay, près Versailles, le 12 octobre 1816.

395 — Belle pendule en bronze (Premier Empire), socle marbre jaune de Sienne, surmontée du buste de Napoléon Ier ; le cadran représente les armes impériales ; les aiguilles, le glaive impérial ; sur les côtés, deux bas-reliefs, glaives entourés de lauriers ; au dos et cachant le mouvement, l'aigle impérial. Le pied est entouré d'une course de lauriers, et aux quatre angles, des aigles à ailes déployées.

Les bougeoirs représentent un laurier aux branches duquel sont accrochés tous les fourniments de troupe, fusils, mousquetons, ceinturons, sabretaches, lances, pistolets. (Toutes les parties se détachent et les chiens des batteries sont mobiles.) Les binets sont deux bonnets à poils dont la partie supérieure s'enlève et le tout repose sur un socle en marbre jaune de Sienne, soutenu par des grenades flamboyantes.

396 — Soldat russe armant son fusil. Campagne de Crimée 1854. Imitation bronze.

397 — Aigle en bronze, provenant d'un drapeau et monté sur un socle en marbre blanc.

398 — Aigle en bronze, monté sur marbre, trouvé dans les ruines des Tuileries en 1871, monté par M. Gustave Sandoz.

399 — Aigle en bronze, monté sur pied en marbre.

400 — Gaîne d'épée, un chiffre Napoléon, N couronné argent doré.

401 — Bougeoir cuivre argent, provenant du régiment des gardes françoises, compagnie N° 2 ; au centre, l'écusson royal. Époque Louis XIV.

402 — Lanterne ayant servi au sacre de Charles X. Le haut représente la couronne royale.

403 — Broderie aux armes impériales et chiffres impériaux aux quatre coins pour écran.

404 — Cadre contenant des objets ayant été portés par l'empereur Napoléon Ier (avec attestation).

405 — Sous ce numéro, série de brevets et congés militaires de plusieurs époques.

406 — Sous ce numéro, tous les tableaux, gravures, estampes et imageries militaires.

407 — Sous ce numéro, tous les objets omis.

www.ingramcontent.com/pod-product-compliance
Ingram Content Group UK Ltd.
Pitfield, Milton Keynes, MK11 3LW, UK
UKHW020504180726
13839UKWH00004B/1884

9 782329 543833